AF299825

NOUVELLE
REVUE HISTORIQUE

DE
DROIT FRANÇAIS ET ÉTRANGER

PUBLIÉE SOUS LA DIRECTION DE MM.

R. DARESTE
Membre de l'Institut,
Conseiller honoraire
à la Cour de-Cassation.

A. ESMEIN
Membre de l'Institut,
Professeur
à la Faculté de droit de Paris,
Président de section à l'Ecole
pratique des Hautes-Etudes

G. APPERT
Docteur en droit.

J. TARDIF
Docteur en droit,
Archiviste-Paléographe.

M. PROU
Membre de l'Institut,
Professeur
à l'Ecole des Chartes.

P. DARESTE
Docteur en droit

SECRÉTAIRE DE LA RÉDACTION
Félix SENN
Professeur agrégé à la Faculté de droit de Nancy

PRIX DE L'ABONNEMENT ANNUEL

Pour la France........................ **18 fr.**
Pour l'Étranger........................ **19 fr.**

DEUX NOUVEAUX MANUSCRITS
DU
COUTUMIER DE CHAMPAGNE
Par M. Paul COLLINET

LIBRAIRIE
DE LA SOCIÉTÉ DU
RECUEIL SIREY
22, rue Soufflot, PARIS, 5e Arrond.
L. LAROSE & L. TENIN, Directeurs

—

1910

DEUX NOUVEAUX MANUSCRITS

DU COUTUMIER DE CHAMPAGNE

BIBLIOTHÈQUE NATIONALE — R. F. — IMPRIMÉS

DEUX NOUVEAUX MANUSCRITS

DU COUTUMIER DE CHAMPAGNE (*)

L'ancien Coutumier de Champagne et de Brie a fait dans cette Revue même (1) l'objet d'un important article de M. Emile Chénon. Son étude critique si nouvelle dans ses conclusions aurait paru appeler une édition pour laquelle la connaissance des manuscrits le préparait complètement. Mais M. Chénon a préféré laisser à d'autres le soin de ce travail et, en mettant la dernière main à ce court article, j'apprends que MM. P. L. Lucas et M. Grau vont donner bientôt l'édition critique désirée depuis si longtemps.

En vue de cette édition, je signalerai deux mss. nouveaux qui ont échappé aux recherches des auteurs qui jusqu'ici se sont occupés du texte champenois. L'un est un ms. de la Bibl. royale de Stockholm; l'autre est un ms. de la collection Dupuy de la Bibl. nationale. Sans avoir la valeur du ms. de Provins, que M. Chénon a fait connaître le premier, ils n'en ont pas moins leur importance, à des titres différents.

I. — Ms. de Stockholm.

La Bibliothèque royale de Stockholm possède quelques mss. latins et français (2) intéressant l'ancien droit de notre pays auxquels les érudits ne font que très rarement attention (3).

(*) Je tiens à remercier des indications qu'ils ont bien voulu me donner MM. H. Omont, conservateur, L. Dorez, bibliothécaire au département des manuscrits de la Bibliothèque nationale et E. Desplanque, archiviste de la ville de Lille.

(1) *Nouv. Rev. hist. de dr. fr. et étr.*, XXXI, 1907, p. 285-344.

(2) On en trouvera la description sommaire dans *Förteckning öfver de förnämsta brittiska och fransyska handskirfterna uti kongl. bibliotheket i Stockholm* af George Stephens; Stockholm, 1847, in-8.

(3) J'ai signalé déjà un ms. de la *Très ancienne coutume de Bretagne* qui

Parmi ces mss., le n° xxix du catalogue de Stephens renferme le Coutumier de Champagne. Grâce à l'obligeance de M. O. W. Dahlgren, directeur de la Bibliothèque royale, qui en a autorisé très aimablement le déplacement, j'ai pu étudier commodément à la Bibliothèque universitaire de Lille ce ms. dont voici une courte description plus explicite que celle de Stephens :

Papier. Hauteur : 0ᵐ,293, largeur : 0ᵐ,210. 2° moitié du xvᵉ siècle.

Le volume contient en tête des fragments de table (2 ff.) et les *Reprobationes testium quas consuevit curia parlamenti admittere et sub qua forma sunt proponende de stillo curie* (1 f.) du Style de la Chambre des Enquêtes (P. Guilhiermoz, *Enquêtes et procès*, Paris, 1892, in-4°, p. 201-205). Le corps même du volume se compose de trois parties :

1° Fol. 1 à 112 :

1-38 r° : *Stylus curie parlementi.*

38-71 r° : Ordonnances diverses concernant le Parlement de Paris (Cf. P. Guilhiermoz, *op. cit.*, p. 169 et A. Giffard, *Note sur un ms. du « Style du Parlement » conservé à Bruxelles et ayant appartenu aux Pithou,* Bruxelles, 1908, p. 4 [extr. du *Bull. de la comm. roy. d'hist. de Belgique*]).

72-82 : « Ceste rebruche parle de garde et bail et quelz gens ont garde lesquelz bail selon l'usaige generalment du pays de France » (texte dérivé du Grand Coutumier).

83-88 : « C'est la declaration des fiefz selon la coustume de France » (texte connu, publié en dernier lieu par H. Bordier, *Bibl. Ec. Chartes,* 2ᵉ série, t. V, 1848-1849, p. 45-59).

89-111 : Ordonnance de Montil-les-Tours (avril 1453 avant Pâques).

112 : Ordonnances d'avril 1454 après Pâques (fragment).

2° Un cahier non folioté de 12 fol. : «Coustumes et usaiges dont l'on a acoustumé de user en Champaigne touchant les fiefz, arrierefiefz, leurs deppendences et touchant autres choses contenues en ce present quahier.»

avait échappé à M. M. Planiol (*N. R. H.*, XXIV, 1900, p. 252); on verra bientôt l'indication d'un ms. du *Stylus curie Parlementi* (Stephens, n° XXIX) et il en existe aussi à Stockholm un autre (Stephens, n° XI); tous deux sont inconnus de M. F. Aubert, le récent rééditeur de ce texte.

C'est le texte de l'ancienne coutume de Troyes (1493) (Bourdot de Richebourg, III, p. 269 et suiv.). Le ms. ne renferme
pas tous les chapitres, mais en plus contient des « autres usaiges sur le fait des fiefs extraictz de plusieurs anciens registres
du bailliaige de Victry » (fol. 8-11).

3° Un autre cahier folioté de 1 à 23 : « Coustumes de Champainne. Et premiers la chartre des barons de Champainne ».

1-17 : Coutumier de Champagne.

17 v°-21 r° : Chartes des nobles de Champagne (1315).

21-22 r° : Taux des lettres de tabellionnage de Champagne
ou du bailliage de Troyes (1401).

22-23 r° : « Des juges [et avocats] ; des demandes et dila-
cions ».

23 v°-26 r° : Table.

27-28 r° : *Sequuntur casus in quibus de stillo curie non est com-
missio facienda super reprobationibus etiam bonis et rite propo-
sitis* (publié par P. Guilhiermoz, *op. cit.*, p. 274 et suiv.).

Le volume est donc en entier d'un grand intérêt puisqu'il
comprend plusieurs textes parisiens et champenois plus ou
moins connus. Je me bornerai naturellement à étudier avec
quelque détail le seul Coutumier de Champagne.

Le texte de Stockholm offre les caractéristiques suivantes :

1° Pas de numérotage des articles, mais des rubriques débutant souvent par *Comment*.

2° L'ordre des articles (numérotés d'après l'édition de Pithou) est le suivant : 1-7, 14-17, 8-13, 18-52, 62-64, 61, 65,
53-57, 60, 66.

3° Les art. 14 et 15, 8 et 9, 32 et 33, 54 et 55, sont réunis,
chaque groupe de deux articles ne formant qu'un texte, sous
une rubrique.

4° Les art. 13 et 17 sont ceux qui diffèrent le plus du texte
publié par Pithou. L'art. 13 (fol. 4 v°) donne après les mots
mecte en son domaine la fin de l'art. 17 : *Ainsi en use on generalement.... en descroissant les fiedz.*

L'art. 17 (fol. 3 v°) a comme fin : *.... ou a main morte* (derniers mots communs avec le texte imprimé) *ou autrement. A cest
jucgement furent le seneschaul de Champaigne, messire Jehan
sire de Cheppes, messire Guillaume d'Arsillieres, messire Guil-*

laume de Julli, messire de Plassie, Guillaume du Chastelet, messire Jehan seigneur de Noueroie, messire de Bierras et plusieurs autres.

La fin de l'art. 13 (de Pithou) est reportée à un article nouveau que je cote [82].

5° Sa principale particularité est de contenir un certain nombre d'articles qui manquent au texte de Pithou. Ces articles nouveaux que je numérote [67] et suivants se répartissent de la façon que voici dans le tableau complet des articles (numérotés d'après Pithou) :

1-7, 14-17, 8-13, 18-52, 62-64, 61, 65, 53-57, **67-84**, 60, **85-86**, 66.

Je publie plus loin ces articles nouveaux.

6° La précédente particularité doit faire de ce ms. le représentant d'une famille qu'il constitue à lui tout seul. Pourtant il n'est pas la tête de cette famille ; il n'est qu'un dérivé (ou une copie) d'un ms. perdu comme on peut le démontrer aisément.

On verra ci-après que l'art. 81 se termine par la phrase : « Ceste coustume est devant a x [e] feul(iet) ». En se reportant au « 10e feuillet », on ne trouve rien qui rappelle l'art. 81.

Cet article est reproduit en réalité au « 8e feuillet » (fol. 8 v°), sous le titre *Commant on adjourne garent et commant garant plaidie quand il est adjourné* (art. 36 de Pithou). Mais, d'autre part, dans notre ms. cet art. 36 contient à la fin : « Tu trouveras encores ceste coustume au xxe feuliet ». Si l'on cherche au fol. 20, le passage auquel est fait le renvoi et qui ne peut être autre que l'art. 81 ne s'y trouve pas plus que le premier ne se trouvait au fol. 10 ; le « 20e feuillet » est en réalité le fol. 16. Donc, ces foliotages proviennent d'un autre ms. que le rédacteur du ms. de Stockholm a utilisé sans les changer. De ce ms. perdu, une seule caractéristique nous est révélée par la négligence du copiste, c'est qu'il possédait plus de « feuillets » que le nôtre.

ARTICLES NOUVEAUX
EXTRAITS DU MS. DE STOCKHOLM

[14 v°] [67]. — *Commant on doit appeller ou accuser aucuin de au-cuin crisme et 'commant gaige de batuilhe ne y doit cheoir.*

Nous commandons que se ung homme veult appeller ung autre, qu'il soit oyt et incontinant qu'il pouldra faire sa clamour, que l'en luy die : « se tu veux neluy appeller de meurdre tu seras oys, maiz il convient que tu te lies en souffrir tel paine comme ton adversaire souffriroit se il estoit actains et soies certain que tu n'aras point de batailhe, ains te convenra prouver par bons tesmoigns (*sic*) jurez et commant que tu en aies d'eux bone memoire : et amene tant de tesmoigns comme il te plaira a premier tant comme tu cuideras que aidier te puissent et doi-vent et se ilz te valent cilz que te devront valoir, car nous nous ne re-boutons nulles preuvez qui ayent estees (1) receues en court laye jusques a oyres fors que la batailhe et saiches bien que ton adversaire porra bien dire encontre les tesmoigns se il veult et se cil qu'il appelle veult ». Quant on luy ara ainsi dit se il ne veult poursuivre sa clamour laissier la peut sans peril et sans paine et se il veult sa clamour pour-suir il le fera si comme on le doit fere par la coustume de Champaigne ou du pays et de la terre; et quant on venra au point que la batalhe souloit venir se que par bataelhe se fasoit et prouvat, se prouvera par bons tesmoigns et loyaulx et la justice fera venir les tesmoigns aux coustz de celi qui le requiert se ilz sont de soubz son povoir; et se celluy contre qui les tesmoigns seront amenez veult aucune raison dire contre eulx pourquoy il ne doivent estre receuz l'en le orra et se la raison est apperte et comunement sceue les tesmoigns ne seront pas receuz et se la raison n'est comunement sceue elle est mise en ny de l'autre partie l'en orra les tesmoigns d'une partie et d'autre et seront ditz des tesmoigns publiés aux parties et ce (*sic*) ceux contre qui les tesmoigns seront amenez veulent dire apres le publiement ou leurs ditz ils seront oys selon droit script en la decretale de testibus c. præsentium auctoritate statuimus (2) la ou est script de ceste matiere : avant es querelles y apres scriptes, c'est assavoir de trayson, de rapt, de furt, de larrecin, de meur-dre et aussi de tous crimes ou il a peril de perdre vie ou menbre la ou l'en fasoit la batailhe et en trois (3) ces cas davant ditz seront tes-moigns admenez; et se aucun est accusez des cas dessusd. par davant aucun bailli, li baillis si orra dire la querelle jusques aux prouvez et adonques [15 r°] et il les nous fera scavoir et vous y venres pour les preuves oyr et aux preuvez oyr si appelleront cilz qui (*sic*) nous y en-voyeions pour les preuves oyr des enciens qui doivent estre au juge-ment fere.

(1) *Le mot d'après*, faictes, *est barré.*
(2) C. 31, X, 2. 20.
(3) *Corr.* tous.

[68]. — *En querelle de servaige n'a point gaige de batailhe.*

En querelle de servaige celui qui demande son homme comme son serf il fara sa demande et poursuivra sa querelle selon l'ancienne coustume jusques au point de batailhe et en lieu de la batailhe; ceulx qui prouvoient par batailhe et fust si prouveront par tesmoigns ou par chartres ou par autres bonnes preuvez et loyaulx qui ont esté acoustumees en court laye jusques maintenant, par ainsi que se celi qui demande preuve, celi qui y demandera estre son serf il l'ara et se il deffault de prouver, il demorra a la volenté du seigneur pour l'amende.

[69]. — *Sur faulx jucgement n'a point batailhe.*

Se aucun veult fausser jucgement en pays la ou faussement de jugement affiert, il n'y a point de batailhe, mais les clains, les responses et les autres instrumens de court seront rapportez en nostre court et selon les erremens du plait on fera tenir sens depence le jugement et celi qui sera trouvez en tort l'amendera selon la coustume du pays ou de la terre.

[70]. — *Quel mariage peut donner jantil homme a sa filhe ou a sa seur.*

Gentilz homs si peut bien donner a sa filhe plus grant mariage que a celle n'affiert et se il la marioit au maitre que avenant, si ne peut elle retourner a franchise et aussi se gentil homme marie sa sœur et il luy donne petit mariage, celi qui la prant ne peut autre chose demander, maiz elle peut bien demander avenant partie puis que le pere est mors, car bien semble que le frere lui en ait fait petite partie pour retenir a soy et a ses enfans se la mere se moroit.

[71]. — *De partaige eschoicte entre filhes de gentil homme.*

Se ung gentilhomme n'a que filhes tout autant pranra l'une comme l'autre mainsnee ara aibergement en avantaige et ung choix se il y est et se il n'y est .v. s. de rente et garentira aux autres en partaige.

[72]. — *D'eschoicte* videas quia breve.

[15 v°] Gentil homme tient sa vie ce que l'on lui donne a porte de moustier en mariage et apres la mort sa famme, tout n'ait il nul hoir pourquoy il en ait eu qui ait crié et brait se ainsi est que sa femme luy ait esté donnee pucelle.

[73]. — *Gentil femme despucellee davant mariage pert son mariage.*

Gentil femme quant elle a enfans ains qu'elle soit mariee ou celle (*sic*) se fait despuceler elle pert son heritaige par droit quant elle est prouvée.

[74]. — *De douaire et d'eschoicte.*

Se gentil femme est hoirs de terre et ses sires soit mors et elle est ses hoers et elle veult pranre douaire en la terre son seigneur ce est l'adverse partie.

[75]. — *Idem.*

Gentil femme si n'a que le tiers douaire en la terre son seigneur, maiz ses sires lui peult donner ses achas et ses acquestz et faire sa volenté; et si ainsi estoit que li sires eust fait achas au roy, ses filz li ainsnez par les deniers randant que li pere li auroit mis les auroit.

[76]. — *Quant gentil femme paie des debtes de son mari et quant non.*

Gentil femme ne met riens en l'ausmosne de son seigneur et se aura la moitié de ses meubles, se elle veult, maiz elle mectra la moitié en ses debtes et s'elle ne veult riens pranre es meubles elle ne mectra riens es debtes et de ce est a son choix.

[77]. — *Comment gentil femme doit avoir herbergement ampres la mort de son mari et comment doit mantenir son douaire.*

Gentil femme doit avoir les herbergement son seigneur apres sa mort jusques a tant que cilz qui doit avoir le retour de la terre lui ait fait herbergerie avenant et elle le doit tenir en bon estat et se elle ne le tenoit en bon estat, cilz le porroit oster par droit, pourquoy ce fust en sa deffence que manoirs fust empiriez et encor seroit elle tenue de l'amender, il luy porroit oster le douaire et si l'en devroit perdre par droit et tout ainsi devroit elle tenir en bon estat vignes et arbres fruitz portans, se elle les avoit en son douhaire sans tranchier et mal mectre.

[16 r°] [78]. — *Comment et jusques a quel temps gentil femme doit avoir le bail de ses enfans et quelle peut vendre et quoy non.*

Se ainsi avenoit que gentil femme eust petis enfans et ses sires morust, elle tiendroit le bailh de son hoir masle jusques a .xxi. an et le bailh de sa filhe jusques a .xv. pourquoy il n'y ait hoer masle et toutes les choses elle doit tenir en bon estat; et se il avoit bois ou estangs que li sires eust autre fois vendus elle le porroit bien vendre et en ceste mesme maniere mantiendroit ses sires la chose se elle se moroit; se elle et ses maris laissoient leur manoir dechoir ou fondre ou ilz vendissent boiz qui n'eust autrefois esté venduz, cilz a qui le retour de la terre devroit venir porroit bien le bail demander a avoir par droit.

[79]. — *Comment gentil femme est a choiz de plaidier pour son douaire la ou bon luy semble.*

Gentil femme peut plaidier de son douhaire en la court du roy ou en la court de celui en cui chastelerie sera ou en la court de saincte esglise et en est en son choix ; et aussi peut il faire gentil femme de son mariage que lui a esté donnés a porte de moustier, pourquoy sa femme luy a esté donnee pucelle.

[80]. — *Quel chose doit donner gentil homme a son filz quant il le marie.*

Se gentil homme marie son filz, il luy doit faire le tiers de sa terre et aussi quand il est chevaliers, maiz il ne lui fait mie partie de ce que lui a esté donné a porte de moustier en mariage, pourquoy sa famme et il se morust devant que sa femme et il n'en ait nul hoir et quant le pere et la mere et les ayaus et l'aelle (*sic*) seroient mors, elle auroit en ces eschoictes son douhaire et en toutes autres eschoictes, feussent de freres ou de seurs ou de oncles ou de nepveux ou d'autres linaige, elle n'y auroit riens, si elle estoit avenues despuis que le sire l'auroit prinse et se elles eschoient avant, elle auroit son douhaire.

[81]. — *Qui vient a garant n'a pas les barres et suretés prinses par cellui qui l'amaine.*

Coustume est en Champaigne que quiconques soit en plait devant

justice et il face demande contre partie, soit de meuble, soit d'eritaige,
et le deffendeur ait eues ses suretés et ses barres [16 v°] et il advoue
a avoir garend il doit avoir jour a avoir garend; et quant garent vient
et entre en garentie, il doit respondre a la querelle, car il ne peut mais
barroyer des barres desquelles cely pour qui il entre en garentie a
barroyé; ceste coustume est devant a x[e] feul(iet).

[82]. — *On ne peut vendre chose que vient de fied a gens dehors
dud. fiedz.*

Il est coustume en Champaigne que se aucuns que on tient de fied
vendent aux gens et hors dud. fié et le souverain y met la main avant
qu'ilz l'aient tenu an et jour ou avant cellui qui le tient de lui, que il
en joist et peut mectre led. heritaige en son domaine comme le sien
propre pource que par lui n'est fait. Et toutesvoyes..... (la suite
comme à l'art. 13 de Pithou, avec quelques variantes).

[83]. — *Qui vent rente en terre de fied sans soy devestir de l'omaige
ne doit point de quint denier, mais si y forfait, la vente revient au seigneur et la pert l'achapteur.*

Plusieurs gens saiges tiennent que, par la coustume gardee en
Champaingne, se aucuin noble vend rente sur terre qui tient de fié de
aucuin seigneur, le seigneur ne peut demander quint denier se le vendeur ne c'est desmis en la main du seigneur feodal de l'omaige qu'il
luy en avoit faict; maiz si led. vendeur commetoit crime par quoy ses
biens cheissent en confiscacion, lad. rente vendue ysseroit et la per-
droit l'achapteur et ainsi en use on pluseurs foiz.

[17 r°] [84]. — *Homme serfz ne peut fere testament que jusques a
.v. solz ne constituer procureur sans licence de son seigneur paine de
.lx. solz d'amende.*

Item et par coustume ung homme ou femme serfz ne peulent fere
testament que jusques a .v. solz comme ceulx qui sont mains morta-
bles, item ne faire ausi procureur sans la licence de son seigneur, car le
seigneur en aroit .lx. solz d'amende se autrement ilz le fasoient.

. . . .

[85]. — *De biens acquis cause de forfaicture.*

Il est coustume en Champaigne que se homs meffaict de quoy il
perde le sien, scilz que a la haulte justice enporte quamque y treuve
en sa justice, soit meuble ou heritaige, et comment que se il y a
chouse de fié, qu'il en face fied a son seigneur et parhilhement emporte
chacun seigneur ce qu'il a en sa haulte justice.

[86]. — *Nul ne doit avoir jour de conseilh contre lectres obligatoi-
res.*

Se debbas est entre parties pour raison de faict de lectres obliga-
toires et l'obligé demande jour de conseilh, il ne en doit point avoir.

. . . .

II. Ms. **Dupuy 426** (Bibl. nat.).

Le ms. Dupuy 426 a, pour nous, une certaine importance
d'abord parce qu'il est presque en entier de la main même

de François Pithou et que partant il a pu être connu de son frère Pierre, éditeur du Coutumier de Champagne.

Ce ms. (Papier ; haut. 0^m,265, larg. 0^m,190) renferme des « notes et extraits de divers ouvrages d'histoire et de droit » (1), droit romain, féodal et coutumier (2).

La copie du Coutumier de Champagne occupe les fol. 29-36 (3). Elle se divise en deux parties nettement distinctes : la 1re (fol. 29 au fol. 33 r°) comprenant les 57 premiers articles de Pithou (sauf les particularités notées plus bas) est de la main de Fr. Pithou ; la 2e (fol. 33 r° au fol. 36), d'une autre main, reproduit d'après le « livre de M. de Roissy » la fin qui manquait probablement au modèle copié par la première partie.

Il y a donc en réalité deux mss. (ou plutôt deux parties de ms.) dans le ms. Dupuy et je les étudierai successivement.

Ire PARTIE

La première partie a pour titre : *Cy commencent les droictz et les coustumes de Champaigne que le Roy Thiebault estably lan MCCXXIIII. Et premierement* DES PARTAGES ENTRE LES ENFANTS DES NOBLES. Le modèle avait pour caractéristiques :

1° Pas de numérotage des articles, mais des rubriques ne débutant jamais par *Comment.*

2° Les articles commencent tous par *Item il est coustume en Champaigne* ou plus généralement *Item coustume est en Champaigne* (exception faite du premier article et de quelques-uns qui ne sont pas immédiatement précédés de la rubrique).

3° L'ordre des 57 articles est identiquement celui de Pithou ; mais, outre les différences déjà notées avec le texte de Pithou, il faut en signaler quelques autres.

4° Les art. 1 et 2, 6 et 7, 8 et 9, 10 et 11, 18 et 19, 23 et 24, 45, 46 et 47, 53 et 55 sont réunis ensemble sous la rubrique de premier du groupe.

(1) Cf. la description du ms. dans *Bibliothèque nationale* : *Catalogue de la collection Dupuy* par Léon Dorez, t. I (n° 1-500), Paris, 1899, p. 383-384.

(2) Je signale aux fol. 37-38 r° quelques extraits du Grand Coutumier relatifs pour la plupart à la Champagne.

(3) On lit en tête dans la marge : *Monsieur de Roissy en ha ung. C'est là copie des establissemens et coustumes du conté de Champaigne.* Nous verrons tout à l'heure quel est ce ms. qui fut utilisé dans le ms. Dupuy.

5° L'art. 54 manque.

6° En revanche, il existe entre l'art. 52 et l'art. 53 (fol. 33 r°) un article que Pithou n'a pas inséré dans son édition, mais qu'il mentionne en note (1) comme s'étant rencontré dans deux mss.

Quant chastel eschiet de costé il se part entre les hoirs egalement.
Item coustume est en Champaigne que quant chastel eschiet de costé il se doit partir egalement entre les heritiers et fu jugié en parlement pour le sire d'Arceys contre ses freres et seurs. Item Jugié a esté en parlement contre plusieurs que sergent ne bourgeois <ne> puent acquerir en franc fiet qu'il ne perde son argent et l'eritage se il ne l'aqueste par le congié du souverain.

7° Mais ce qui constitue le plus grand intérêt du texte, c'est que le ms. copié par Fr. Pithou est le seul qui ne contienne ni l'ordonnance de Thibaut IV au début ni, dans la suite, des références aux jugements. Nous allons reprendre ces deux particularités importantes.

Le modèle avait bien dans son titre les mots *que le Roy Thiebault establyl'an MCCXXIIII* et, à la fin de l'art. 1, on lit aussi *Faict le jour de feste de Noel MCCXXIIII*, mais au commencement de l'art. 1 l'ordonnance ne se trouve pas comme dans tous les autres mss.; l'article commence par *Coustume est en Champaigne que li aisnez filz prendra...*

C'est par une addition postérieure tirée d'un autre ms. que Fr. Pithou a ajouté l'ordonnance en face de cet art. 1 (au fol. 28 v°) : *Je Thibaus conte palatins de Champaigne et de Brie...* qui se termine ainsi : *et mes aultres barons desquels leurs sceaulx sont pendus a ceste presente lettre Ay estably que li aisnez filz prendra etc. ut i fol. sequit(ur).* Il en a relié le texte d'une façon toute artificielle à son premier texte en barrant les premiers mots (ci-dessus transcrits) de l'art. 1 par un trait qui, du fol. 28 v° au fol. 29 r°, prolonge la queue du *t* du mot *sequit(ur).* Cette addition a entraîné diverses modifications du texte primitif : les mots (.. *que cest establissement est faict de tous chasteaux qui meuvent) du conte de Champaigne* sont remplacés par (... *qui meuvent) de moi;* la date finale est remplacée par les formules finales de l'ordonnance.

______

(1) Bourdot de Richebourg, III, p. 218, n. c. Nous noterons que ce n'est pas la leçon de notre ms. qui est donnée dans cette note.

De même, les art. 5, 6, 11, 13, 17, 19, 20, 22, 23, 25, 33, 36, 42, 43, 44 ne contenaient dans la première copie de Fr. Pithou aucune des références aux jugements, qui se trouvent dans tous les autres mss. C'est postérieurement et d'après un ms. (que je ne connais pas) que l'érudit troyen a ajouté les références aux jugements, soit en marge, soit en fin d'article. Ces additions ont, comme précédemment, occasionné des remaniements du texte primitif du coutumier qui sous les ratures se révèle à nous pour la première fois.

Ainsi dans l'art. 11, l'addition *ly enfant de Monsr Guyon de Charbonnel* a fait disparaître les mots : *Ainsi l'en use en*; à l'art. 17 la même formule *ainsi en use l'en generalement* a été barrée pour introduire *et n'enporte cilz a qui ly homs estoit...*; à l'art. 20, même observation.

Au contraire, dans l'art. 19, l'addition *El fut ce jugié a Troyes l'an 1270* est mise (par renvoi en marge) entre *mere* et *Et ainsi en use l'en.*

Notre ms. vient donc fournir un solide appui à la démonstration de M. Chénon (1) que le coutumier original comportait seulement l'indication des usages de Champagne sans leurs « illustrations » sous forme de jugements et de rapports. C'est même là, je crois, avec le nom de son auteur son principal intérêt.

Pourtant, d'autre part, il y a deux références qui semblent positivement appartenir au texte primitif de Fr. Pithou : l'une à l'art. 9 : *Encores est il coustume que es descendues de pere et de mere qu'un frere prent contre deux seurs. Ceste coustume fut jugié a Troyes l'an MCCLXXXVII;* l'autre à l'art. 18 :... *El fut jugié à Paris en parlement pour le duc de Bourgogne et l'evesque de Langres contre le sire d'Arceys pour la terre de Chassenay l'an 1299.*

L'existence de ces deux additions dans le ms. copié par Fr. Pithou n'a-t-elle pas pour résultat de modifier un peu les idées proposées par M. Chénon sur la compilation des jugements? Ne sommes-nous pas obligés par notre ms. d'admettre que les jugements n'ont pas été insérés en une seule fois dans le recueil des « coustumes » ? On serait tenté de le penser et cela

____

(1) *Loc. cit.*, p. 295 et suiv.

n'aurait rien que de naturel. De même, on ne pourra s'empêcher d'être frappé du fait que le ms. s'arrête à l'art. 57 et par conséquent ne renferme pas les jugements de la fin ; mais peut-être est-ce par une lacune accidentelle que le modèle s'arrêtait là et de son état incomplet nous ne voudrions tirer aucun nouvel argument.

Le modèle de Fr. Pithou étant inachevé, c'est pour avoir le texte intégral du coutumier que Fr. Pithou recourut à un autre ms. qui forme la 2ᵉ partie dont nous allons examiner le contenu.

2ᵉ PARTIE

La deuxième partie du ms. Dupuy 426 (fol. 33-36), qui contient les articles suivants : 62-64, 61, 65, 66, 7-9, 53-56, 58, 59, 57, 60, n'est pas de l'écriture de Fr. Pithou, mais d'un copiste au service de Jean-Jacques de Mesmes auquel Fr. Pithou prêta son registre pour y transcrire les articles qui lui manquaient. En effet, cette partie provient, d'après la note autographe de Fr. Pithou (fol. 33 r°) du « livre de Monsieur de Roissy », nom sous lequel Jean-Jacques de Mesmes, fils de Henri de Mesmes, était le plus connu (1).

Voilà un renseignement de provenance intéressant que nous donnait le possesseur. Mais il était facile d'aller plus loin et d'identifier exactement le modèle de cette seconde partie.

Comme les mss. de Henri de Mesmes furent offerts par sa fille, la duchesse de Vivonne, à Colbert (2), nous avions des chances de retrouver le « livre » en question dans l'un des quatre mss. du coutumier qui ont appartenu à Colbert. De fait, la partie copiée pour Fr. Pithou reproduit les derniers articles du ms. franç. 5257 (= Colbert, n° 2031) (le ms. D de M. Chénon). Le titre de ce ms. est bien celui que Fr. Pithou indiquait dans sa note de tête (fol. 29 r°) : *C'est la copie des establissemens et coustumes du conté de Champaigne*. Cela suffit pour l'identification (3).

(1) L. Delisle, *Le Cabinet des manuscrits de la bibliothèque impériale*, t. I, 1868, in-fol., p. 398 et suiv.

(2) L. Delisle, *op. cit.*, I, p. 469.

(3) Dans la liste dressée par Baluze des Manuscrits donnés à Colbert par la duchesse de Vivonne (Bibl. Nat. lat. 9364 fol. 11-14 r°), ce ms. est désigné sous le titre abrégé : *Coustumes du Comté de Champagne* (fol. 12 r°).

Les légères différences qui séparent les deux copies, simples différences de mots ou d'orthographes, n'empêchent pas de reconnaître la filiation incontestable du ms. de Fr. Pithou.

A cause de son origine, la 2ᵉ partie du ms. Dupuy n'a par elle-même aucun intérêt, puisqu'elle ne fournit pas un texte nouveau du coutumier. Son seul mérite est d'ordre bibliographique. Elle permet de déterminer la provenance d'un des mss. de Colbert, d'une façon plus certaine que ne l'eût autorisé le seul examen de la liste de Baluze.

♦

Une conclusion s'imposerait à cette description des deux nouveaux manuscrits du Coutumier; il faudrait marquer quelle place il importe de leur assigner dans le classement général, et c'est seulement après l'avoir établie que leur valeur réelle serait fixée. Mais cette partie de la tâche revient naturellement aux éditeurs du texte, mieux préparés que moi-même, puisqu'ils ont fait de l'ensemble des copies l'étude minutieuse et comparative que nécessite la préparation d'une édition.

Paul COLLINET.

NOUVELLE REVUE HISTORIQUE

DE

DROIT FRANÇAIS ET ÉTRANGER

PUBLIÉE SOUS LA DIRECTION DE MM.

Rodolphe DARESTE
Membre de l'Institut,
Conseiller honoraire à la Cour de Cassation.

Adhémar ESMEIN
Membre de l'Institut,
Professeur à la Faculté de droit de Paris,
Président de section à l'École pratique
des Hautes-Études.

Joseph TARDIF
Docteur en droit, Archiviste-Paléographe.

Maurice PROU
Professeur à l'École des Chartes.

Georges APPERT
Docteur en droit, Secrétaire de la Rédaction.

Cette revue paraît tous les deux mois par livraisons de **10** feuilles environ et forme chaque année un beau volume in-**8°** de mille pages.

Les trente premiers volumes parus (1877 à 1906) avec les Tables de la *Revue de Législation* et de la *Nouvelle Revue historique* (1870-1885), 1 brochure.. **250** fr.

Chaque volume se vend séparément : 15 fr. de 1877 à 1889 et 18 fr. de 1890 à 1900.
Les Tables seules.. **3** fr.

PRIX DE L'ABONNEMENT ANNUEL :

Pour la FRANCE......... **18** fr. — Pour l'ÉTRANGER.......... **19** fr.

VIENT DE PARAITRE :

5ᵉ Année 1909

REVUE DE DROIT INTERNATIONAL PRIVÉ

ET DE

DROIT PÉNAL INTERNATIONAL

Fondée par **A. DARRAS**

Continuée par **A. de LAPRADELLE**
Professeur agrégé à la Faculté de droit de Paris, Associé de l'Institut de droit international

SOUS LE PATRONAGE DE MM.

A. LAINÉ
Professeur à la Faculté
de droit de Paris

A. WEISS
Professeur à la Faculté
de droit de Paris

A. PILLET
Professeur à la Faculté
de droit de Paris

DE BŒCK
Professeur à la Faculté
de droit de Bordeaux

E. AUDINET
Professeur à la Faculté
de droit d'Aix

E. BARTIN
Professeur à la Faculté
de droit de Paris

et avec la collaboration de jurisconsultes, magistrats et professeurs français et étrangers

Secrétaire de la rédaction : **P. GOULÉ**, Docteur en droit, ancien magistrat

Abonnement annuel :

France......... **20** francs. — Étranger.......... **22** fr. **50**

BAR-LE-DUC. — IMPRIMERIE CONTANT-LAGUERRE.

www.ingramcontent.com/pod-product-compliance
Ingram Content Group UK Ltd.
Pitfield, Milton Keynes, MK11 3LW, UK
UKHW020154080726
13614UKWH00006B/2556